FISCHER SAUERLÄNDER

Doro Ahlemeyer lädt als Naturpädagogin zum Stromern jenseits betonierter Straßen ein und unterhält Lagerfeuer mit Liedern und Geschichten. Sie arbeitete in Sambia, Irland, Rumänien und Bremen – und ist seit der Geburt ihrer Kinder vor allem in ostwestfälischen Gärten, Wäldern und Musikprojekten aktiv. Doro ist Alumna der Akademie für Kindermedien. Mehr über die Autorin auf www.aushecken.org.

Greta Wagener wuchs bei Siegen auf, umgeben von Wäldern und Wiesen. Schon früh begann sie, eigene Geschichten zu erfinden und zu bebildern. Diese Leidenschaft führte sie zum Illustrationsstudium in Münster, wo sie noch immer lebt. Ihr Traumarbeitsplatz: ein Tischchen auf einer Obstwiese, umgeben von Ziegen und Schafen, auf dem Schoß eine schnurrende Katze.

Weitere Informationen zum Kinder- und Jugendbuchprogramm von Fischer Sauerländer auf *www.fischer-sauerlaender.de*

Doro Ahlemeyer

Augen auf, der FRÜHLING kommt!

Eine Entdeckungsreise mit allen fünf Sinnen

Mit Illustrationen von
Greta Wagener

FISCHER SAUERLÄNDER

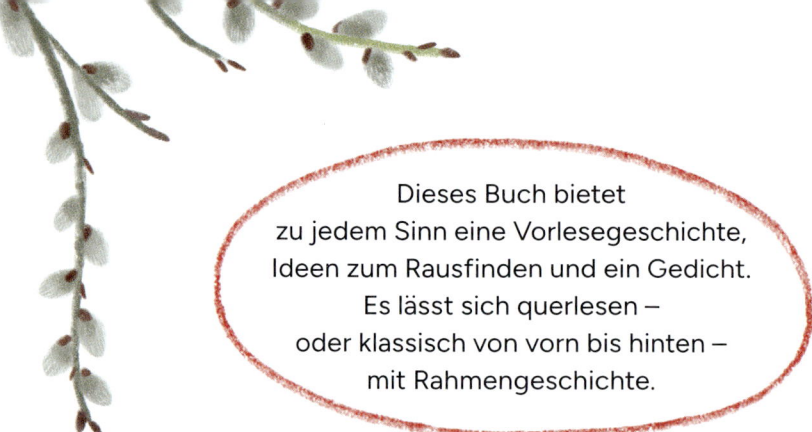

Dieses Buch bietet
zu jedem Sinn eine Vorlesegeschichte,
Ideen zum Rausfinden und ein Gedicht.
Es lässt sich querlesen –
oder klassisch von vorn bis hinten –
mit Rahmengeschichte.

INHALT

HÖREN

RIECHEN

SEHEN

Fällt der Frühling aus?

»Das kann nicht wahr sein!« Mama lässt vor Schreck fast das Handy fallen. Dann ruft sie: »Flo! Nick! Wir müssen sofort zu Oma, sie hat sich das Bein gebrochen!« Flo flitzt aufgeregt herbei und hat in null Komma nix seine geliebte Expeditionsmütze auf dem Kopf. Nick seufzt genervt und zieht sich nicht einmal eine Jacke über.

Als sie das Krankenhaus erreichen, ist der Rest der Familie schon da. Auf der Fensterseite sitzt Tante Katja mit dem siebenjährigen Milan. Neugierig beobachtet er, wie draußen ein Rettungswagen abfährt. Auf der anderen Seite steht Onkel Sven mit Tove, die nervös mit einer Haarsträhne spielt, und Lucy, die sich die Nase zuhält, damit sie die typische Krankenhausmischung aus Putz- und Desinfektionsmitteln nicht riechen muss. Oma liegt zwischen der Bande wie das friedliche Zentrum eines Orkans. Allerdings ist sie blass um die Nase, und um ihr Bein prangt ein riesiger Verband.

»Tut es sehr weh?«, fragt Flo und nimmt Omas Hand. Er ist der Jüngste, und das Krankenhaus ist ihm ein bisschen unheimlich.

Oma lächelt nur: »Ach, das bisschen Zwicken und Zwacken kann mich nicht schocken. Schlimm ist bloß ...« Die Kinder halten den Atem an. »... ich verpasse den ganzen Frühling! Die Ärztin will mich noch ewig hierbehalten!«

Oha! Die Erwachsenen tauschen besorgte Blicke und stürmen hinaus, um genauere Infos einzuholen.

Als sie weg sind, raunt Oma den Kindern verstohlen zu: »Das Problem an der Sache ist: Ich muss doch raus, um der Frühlingsfee zu helfen!«

Tove hört auf, an ihren Haaren herumzufummeln. »Frühlingsfee?«

Oma grinst. »Sagt bloß, ihr kennt die Frühlingsfee nicht?«

Gebannt lauschen alle, als Oma dann ihre Geschichte erzählt: »Die Frühlingsfee zieht mit den ersten warmen Sonnenstrahlen durch die Welt und empfängt die neuen Pflanzen und Tiere. Dabei braucht sie natürlich jede Menge Helferinnen und Helfer!«

»Und was kann man tun, um der Frühlingsfee zu helfen?«, fragt Flo aufgeregt.

Geheimnisvoll flüstert Oma: »Seine fünf Sinne benutzen!«

Die Kinder wechseln verwirrte Blicke. Was bedeutet das?

Oma lässt sie rätseln: Nacheinander zeigt sie auf ihre Augen, ihre Ohren, ihre Nase, ihre Haut ... und ... zum Schluss streckt sie die Zunge raus! Die Kinder kichern.

Grinsend erklärt Oma: »Das sind unsere fünf Sinnesorgane. Sie sind wie Antennen, die wichtige Botschaften aus der Umgebung empfangen ... und mit ihnen empfangen wir auch die Frühlingsboten!«

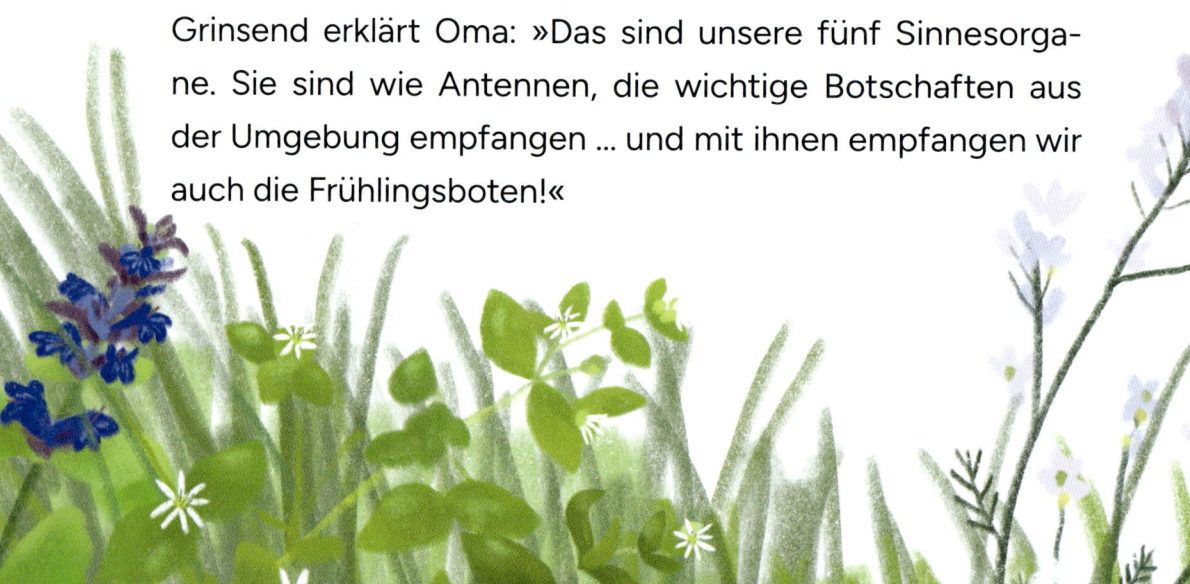

Hä? Flo kratzt sich am Kinn. Oma versucht es noch mal mit einfacheren Worten: »Um die Neuankömmlinge aufzuspüren, musst du genau hinschauen, genau hinhören und spüren, was sich verändert. Riechen, welchen Duft der Frühling verströmt. Schmecken, was er uns gibt.«

»Klingt langweilig!«, meint der achtjährige Nick und spielt mit der Fernbedienung des Krankenhausbettes.

Oma lacht: »Oh, das ist alles andere als langweilig. Jeden Tag, jede Minute, jede Sekunde entsteht im Frühling etwas Neues. Und wenn ihr das wahrnehmt, entdeckt ihr Fantastisches!«

Flo hängt an Omas Lippen. Nick zieht die Stirn kraus. »Ach, Quatsch! Was soll mir der Frühling schon bringen?«

»Tja«, lächelt die Oma. »Das kann ich schlecht erklären. Das könnt ihr selbst erleben.«

Da geht die Tür auf. Mit gesenkten Köpfen schlurfen die Erwachsenen herein. Die Ärztin hat bestätigt: Oma muss den ganzen Frühling im Bett liegen – weit weg von allen Blumen und Bienen.

»Keine Sorge!«, ruft Flo, als er Omas trauriges Gesicht sieht. »Wir springen für dich ein! Dieses Jahr kümmern wir uns um die neuen Tiere und Pflanzen. Und wir bringen dir den Frühling ans Bett!«

SPRING

Wusstest du schon?
Auf Englisch heißt Frühling SPRING.
SPRING heißt auch Quelle,
und genau wie sie
sprudelt der Frühling
voller Energie
aus dem Dunklen hervor.
Er öffnet das Tor
und strömt dann als Bach
mit quirligem Krach
durch die frische Natur
und hinterlässt Spuren ...
Also:
SPRING auf, kleine Knospe!
SPRING hoch, kleines Lamm!
Eine neue Zeit bricht an!

SCHMECKEN

Flo und die Frühlingsblumen

Flo pfeift, als er durch das Tor hüpft. Alles ist noch ganz neu! Die Frühlingssonne, die heute das erste Mal scheint. Der Auftrag, sich um Omas Schrebergarten zu kümmern, während sie mit gebrochenem Bein im Krankenhaus festhängt. Und vor allem Flos geheime Mission, dort die neuen Pflanzen und Tiere willkommen zu heißen, die der Frühling bringt! Oma sagt, das ist wichtig, damit sie gut wachsen.

Flo kann das gut verstehen. Als er neu im Kindergarten war, hat er sich auch gefreut, wie herzlich ihn alle empfangen haben. Ist doch klar, dass eine kleine Blume besser durchstartet, wenn jemand sie wahrnimmt, ihr zulächelt und zeigt, wie schön es an der frischen Luft ist! Aufregend muss es sein, das erste Mal ein Blatt aus dem Erdreich zu stecken ...

Doch wo sind die neuen Pflanzen und Tiere? Flo sieht nur altes, braunes Gras. Zum Glück hat Oma genau erklärt, wie man die ersten Frühlingsboten findet: »Du wartest, bis ein Sonnenstrahl dich an der Nase kitzelt. Dann schließt du die Augen und wirst so ruhig, dass du dein eigenes Herz klopfen hörst. Sobald du noch andere Geräusche erlauschst – das Zwitschern eines Vogels zum Beispiel –, stromerst du los ... und schaust dich genau um.«

Flo schleicht aufmerksam durch den Garten und sucht nach Zeichen des Frühlings. Ein grünes Blatt an den Bäumen, eine bunte Blüte, eine Hummel, die herumbummelt? Auf den ersten Blick entdeckt er ... nichts! Doch Oma hat ihn gewarnt: »Die Neuankömmlinge sind schüchtern. Lass den Kopf nicht hängen, wenn nicht sofort was Spannendes passiert! Such dir einen gemütlichen Platz, hock dich eine Weile hin und nimm alles um dich herum ganz genau wahr.«

Hinter den Haselnusssträuchern findet Flo eine Wurzel, die moosbedeckt in der Sonne leuchtet. Der perfekte Platz, um Frühlingsboten zu begrüßen! Kaum sitzt er, da entdeckt er direkt vor seinen Füßen ein paar winzig grüne Blätter, die aus der Erde hervorlugen.

Bei seinem nächsten Besuch im Garten stürmt Flo sofort zu der gleichen Stelle. Und erlebt ein Wunder: Wo letztes Mal nur diese Blätter waren, zeigt sich jetzt eine allererste Blüte! Sanft wie ein Stern leuchtet sie. Weiß wie ein Blatt Papier, das noch nicht bemalt ist – aber bereit für die buntesten Farben! Florian jubelt. Ist das ein Geschenk der Frühlingsfee? Oma hat gesagt, dass jeder, der ihr hilft, die neuen Pflanzen und Tiere zu begrüßen, Fantastisches erlebt!

Flo begleitet Mama jetzt sooft wie möglich in den Garten ... und jedes Mal entdeckt er eine neue junge Pflanze. Die Sonnenstrahlen locken täglich mehr von ihnen hervor. Flo nimmt sie alle in Empfang. Besonders gefällt ihm eine lustig-lila Blume, die sich neugierig durchs Gras windet – bis in den Nachbarsgarten hinein. Ihre Blätter sind herzförmig und schimmern über dem Grün an manchen Stellen rötlich. Die lila Blüten wirken so zart, dass Florian sie gerne anfassen möchte. Allerdings liegen sie auf der anderen Seite des Zauns. Vorsichtig schiebt Flo einen Finger hindurch ...
Da meldet sich eine fremde, brummige Stimme: »Hey, du kleiner Blumenräuber!«

Flo zuckt zusammen. Er braucht einen Moment, um zu begreifen: Es ist der alte Herr aus dem Nachbargarten, der da spricht.

»Gestatten, Gundermann.«

»Guten Tag, Herr Gundermann«, stammelt Flo.

»Nein, ich bin nicht Herr Gundermann! Ich bin Fritz. Die Blume da heißt Gundermann. Man sagt, das ist ein besonders vorwitziges Pflänzchen. Es bleibt nicht gern bei seinen Wurzeln, sondern stromert wild herum.«

Mama blickt lachend von ihrer Arbeit im Gemüsebeet auf. »So wie du, Flo!«

Der alte Herr lacht ebenfalls. Jetzt sieht Flo, dass er lustige braune Punkte in den Augen hat und eher wie ein Teddybär wirkt als wie der Grizzlybär, nach dem er zuerst klang.

»Der Gundermann ist lecker«, erzählt Fritz. »Wenn ihr wollt, können wir ein wenig davon ernten und zusammen eine Süßigkeit daraus zubereiten.«

»Au ja!«, ruft Flo.

Mama lächelt: »Kommen Sie rüber!«

Als Fritz ein paar Minuten später durchs Gartentor stiefelt, hat er einen Kochtopf dabei, ein Bestimmungsbuch und ein geheimnisvolles Päckchen.

»Was ist das?«, will Flo wissen.

»Das erfährst du, sobald wir genug Gundermänner gefunden haben!«

Gemeinsam laufen sie durch den Garten und halten Ausschau nach der lila Blüte.

»Ich habe eine«, ruft Flo entzückt ... und pflückt sie ab.

»Ähm«, macht Fritz. »Guck noch mal genau hin: Sieht sie wirklich haargenau so aus wie dein kriechender Kumpel Gundermann?«

Ups! Jetzt erkennt Flo: »Die Blume hier wächst nach oben, so richtig mit Stiel. Außerdem sehen die Blätter aus wie ...«, Flo überlegt einen Moment, dann wirft er die Pflanze erschrocken weg, »Brennnesseln!«

»Keine Sorge«, lacht Fritz. »Diese Blätter brennen nicht. Das ist eine Taubnessel. Lutsch mal an der Blüte, so wie die Hummel da drüben!«

Flo folgt Fritz' Blick und sieht, wie ein paar Meter weiter das Insekt seinen Rüssel genüsslich in die Blüte steckt. Flo macht es ihm mit der Zunge nach. Wow – schmeckt süß!

»Lecker, oder?«, schwärmt Fritz. Mit einem Seitenblick auf Flos Mutter ergänzt er: »Aber du solltest nur Pflanzen naschen, die du genau kennst. Verwechslungen können gefährlich sein: Schau, auch der giftige Efeu schlängelt sich so hübsch am Boden entlang wie dein Gundermann. Apropos: Wir brauchen noch mindestens zehn davon!«

Als die gefunden sind, gehen sie in Omas Bauwagen, um die Gundermänner zu waschen. Mama zeigt Fritz, wo der Herd ist, und dann lüftet er das Geheimnis des Päckchens, das er mitgebracht hat. Eine alte Blechtasse ist drin! Und was ist in der Blechtasse? Schokolade!

»Die schmelzen wir jetzt! Und dann ...« Fritz nimmt einen der Gundermänner und pflückt vorsichtig die Blätter ab. »Dann bestreichen wir sie mit der heißen Schokolade und haben eine wunderbare Süßigkeit.« Flo ist Feuer und Flamme. Doch wie viel Geduld man braucht! Es dauert ewig, bis die Schokolade flüssig ist. Und dann müssen die Schokoblättchen auch noch trocknen!

»Komm, in der Zwischenzeit pflücken wir uns ein paar Zu-
taten für einen Smoothie«, schlägt Fritz vor. »Wildkräuter
machen stark und fit!« Damit Mama und Flo sich selbst
davon überzeugen können, reicht er das Bestimmungsbuch rüber, das er mitgebracht hat.
Mama blättert begeistert darin: »Wow, euer
Gundermann hat ja Superkräfte:
Er hilft gegen Entzündungen,
Husten, Durchfall ...«

»Nur, wenn man beim Pflücken aufpasst, dass niemand vorher draufgepieselt hat!«, grinst Fritz. »Und man sollte nicht zu viele auf einmal essen. In großen Mengen ist Gundermann giftig.«

Als Mama Flos enttäuschtes Gesicht sieht, knufft sie ihn in die Schulter: »Mehr als zwei, drei Pralinen gibt es eh nicht auf einmal. In großen Mengen ist auch Schokolade giftig!«

Dann entdeckt Flo in dem Buch eine alte Bekannte: »Da ist ja die Sternchenblume, die ich als Allererstes hier im Garten begrüßt habe!« Aufgeregt zeigt er auf eine Abbildung von der zartweißen Blüte. »Kommt, ich zeige euch, wo ich sie gefunden habe!«

Flo flitzt zu seiner moosbedeckten Wurzel und staunt: Inzwischen hat sich seine Blume ganz schön breitgemacht! Dutzende der kleinen, feinen Blüten lächeln sie an.

Fritz lächelt ebenfalls. »Witzig, dass du sie Sternchen getauft hast! Der wissenschaftliche Name dieser Pflanze ist ›Stellaria media‹: der mittlere Stern. Auf Deutsch sagt man: Vogelmiere! Die Vögel futtern sie nämlich genauso gern wie ich.«

Flo findet Stellaria auch megalecker: Schmeckt nach Erbsen!

»Und das hier schmeckt nach Pfeffer.« Fritz pflückt etwas von dem hellen Wiesen-

Vogelmiere

26

schaumkraut, das seit ein paar Tagen an vielen Stellen auf der Wiese steht. »Keine Angst, der ist für meine Kräuterbutter, nicht für den Smoothie«, lacht er. »Wenn du noch was Fruchtig-Frisches willst, dann schnapp dir die da.« Fritz zeigt auf eine blaulila Blume: »Günsel!«

»Die sieht ja aus, als wäre sie die große Schwester vom Gundermann!«, findet Flo. Da fällt ihm ein: »Ist die Schokolade wohl jetzt trocken?«

Jaaaa! Aufgeregt probiert Flo die Leckerei, die sie zusammen hergestellt haben. Schmeckt nach Lakritz. Oder Pfefferminzbonbon. Auf jeden Fall wunderbar!

»Wisst ihr was?«, sagt Flo. »Wir bringen Oma ein paar Schokogundermänner! Und einen Smoothie natürlich auch! Damit sie fix wieder fit und stark wird!«

Schnell waschen und pürieren sie die restlichen Pflanzen, die sie gepflückt haben – mit etwas Saft von Fritz' eigener Apfelernte. Als Flo den ersten Schluck probiert, ruft er: »Wow! Wie das schmeckt!« Als würde man eine Frühlingswiese trinken.

Dann düsen sie ab zu Oma, um ihr ganz frisch ihren Gesundmacherdrink zu überreichen.
»Das ist ja ein tolles Geschenk!«, freut Oma sich und nimmt sofort einen großen Schluck.
Grinsend sagt Flo: »Das kommt von der Frühlingsfee!«

**Komm,
wir finden
raus ...**

... wo überall leckere Wildkräuter wachsen! Um frisches Gemüse ernten zu können, braucht man keinen eigenen Garten. Auch an Wegesrändern, auf Wiesen oder in Parks findest du essbare Pflanzen. Schnapp dir deinen Lieblingserwachsenen und ab geht's auf Entdeckungstour! In Bestimmungsbüchern und im Internet gibt es viele Infos darüber, welche Blumen und Blätter man futtern kann. Aber aufgepasst: Einige haben giftige Doppelgänger. Bevor du etwas Selbstgepflücktes probierst, zeige es deshalb jemandem wie Fritz, der sich damit auskennt. Solche Leute triffst du zum Beispiel bei geführten Wildkräuterwanderungen,

die von vielen Naturschutzorganisationen angeboten werden. Du solltest außerdem darauf achten, dass in der Nähe
deiner Sammelstelle kaum Autos fahren und die Pflanzen
keine Umweltgifte oder Kot abbekommen haben.

... was man aus Wildkräutern alles machen kann: Kekse,
Pesto, Tee und vieles mehr! Berühmt ist die traditionelle
Gründonnerstagssuppe, die neun Kräuter enthält — unter
anderem Gundermann. Der schmeckt auch super in selbst
gemachtem Kräutersalz, zusammen mit Löwenzahn, Wie-
senschaumkraut und Spitzwegerich. Ein schönes Geschenk,
das lange hält. Ganz im Gegensatz zu Smoothies — die sollte
man am besten sofort trinken.

... wie gesund viele Pflanzen sind, die man »Unkraut« nennt!
Stell dir vor: In Brennnesseln steckt viel mehr Vitamin C als
in Orangen! Außerdem wachsen sie direkt vor deiner Haustür und müssen keine langen Reisen unternehmen, um
auf deinem Teller zu landen. Gut für dich — und gut für
die Umwelt. Brennnesseln, Vogelmiere und andere essbare Wildpflanzen gibt es auch schon viel früher im Jahr als
heimisches Gemüse und Obst. Sie sind sehr widerstands-
fähig. Wenn du sie isst, stärkst du damit deine Abwehrkräfte, sodass du mit voller Kraft in den Frühling starten
kannst!

Wiesenbüfett

Wie schmeckt der Frühling?
Weißt du das?
Nach Pusteblumen
und nach Gras!?!
Ach, Quatsch – nur Spaß:
Gras ist doch was für Kaninchen!
Wir essen lieber Gänseblümchen.
Und Pusteblumen? Viel zu flauschig!
Nicht die Samen – die Blätter brauch' ich
für Löwenzahnspinat ...
oder Wildkräutersalat.
Da passt auch noch gut Günsel rein
und rosa Taubnessel, ganz fein!
Auch Vogelmiere und Gundermann
locken Leckermäulchen an.
Jede Wiese ist ein Büfett,
nicht nur für Hummel, Biene, Reh:
Auch du kannst hier entdecken,
wie Frühlingsfreuden schmecken!

FÜHLEN

Tove und die Frühlingsbäume

Oha – der Ast ist morsch! Fast rutscht Tove ab und fällt. Dabei ist sie die beste Kletterin weit und breit! Doch dieser Baum hier hat es in sich. Egal, wo Tove nach sicherem Halt tastet, löst sich die Rinde, und altes Holz zerbröselt unter ihren nackten Füßen. Doch sie gibt nicht auf. Silbergrau glänzt oben in den noch kahlen Zweigen etwas, das sie unbedingt in die Finger kriegen will!

Tove liebt Bäume. Früher im Kindergarten konnte sie stundenlang auf der alten Kiefer herumturnen. Jetzt verbringt sie viel Zeit auf dem geheimnisvollen Baum hinter ihrem neuen Haus, wo sie vor der nervigen Bande der Nachbarskinder sicher ist. Tove wird es schnell zu laut und zu viel, wenn andere Kinder um sie herumspringen. Bäume sind ihr lieber, die sind so ruhig und gleichzeitig so stark.

Und spannend sind Bäume auch! Jetzt, wo die Frühlingssonne herauskommt, bilden sich hier an den Zweigen überall diese silbergrauen, samtweichen Pelzbällchen! Wie winzige Wattebäusche sehen die aus. Ob sie ebenso weich sind? Tove klettert so hoch hinauf, bis sie eines berühren kann.

Flauschig wie Katzenfell fühlt es sich an, wenn man es über die Haut tanzen lässt. Da fällt Tove ein, wie Oma diese Pelzbäusche nennt: Weidenkätzchen!

Ihr kommt eine Idee: »Darf ich ein paar Weidenkätzchen von dir haben und sie Oma ins Krankenhaus bringen?«, flüstert Tove und streicht dem Baum über die runzlige Rinde. Oma hat ihr beigebracht: Man kann die Pflanzen fragen, ob sie einem etwas schenken wollen.

»Gern!«, hört Tove die Antwort vom Baum.

»Aber nur ein einziges Kätzchen, bitte.«

Interessant, denkt Tove. Wozu der Baum den Rest wohl braucht? Da schwirrt eine Biene herbei. Was sucht die denn hier? Vielleicht was zu futtern?

Als Tove bei ihrem nächsten Besuch im Krankenhaus ihrer Oma das Weidenkätzchen überreicht, strahlt sie wie die Frühlingssonne.

»Wie schön, dass du an mich denkst!«, ruft Oma. »Und wie gut, dass du den Bienen die Weidenkätzchen drangelassen hast! Im frühen Frühling finden die Insekten sonst kaum Nahrung. Deswegen ist es sogar verboten, Zweige abzuschneiden.«

Oma drückt Toves Hand. »Richte deinem Freund Salix ein herzliches Dankeschön von mir aus!«

»Mein Freund Salix?«,
fragt Tove verwirrt.
Grinsend erklärt Oma, dass
der Baum, von dem die Weidenkätzchen kommen, so heißt.
Auf Botanisch. Tove hat keine Ahnung, was Botanisch für eine Sprache sein soll, aber den Namen findet sie
super. Salix – das klingt nach einer Mischung
aus Grashüpfer und Flaschengeist ... wie jemand,
den man gern zum Freund hat.

Schade, dass Tove diesen neuen Freund ein paar
Tage später verlassen muss! Für ganze zwei Wochen!
Warum wollen ihre Eltern in den Osterferien bloß im-
mer Ski fahren? Oben in den Bergen herrscht noch eisiger
Winter, während hier schon der Frühling vor der Tür steht.
Tove verabschiedet sich herzlich von Salix. Wird er noch der
Gleiche sein, wenn Tove zurückkommt?

Nein! Zwei Wochen
später sieht Salix völlig
verändert aus. Die Kätz-
chen sind verblüht, dafür
wedeln nun lauter grüne Blätter
im Wind! Witzig fühlen die sich an:
auf der Oberseite ganz runzelig und von
unten ganz filzig! Tove klettert aufgeregt
durch ihren Baum. Was für ein Wunder! Wie
sind all diese Blätter so schnell gewachsen?
Und wo kommen sie überhaupt her? Tove be-
schließt, das genau zu erforschen. Bloß wie?

Da bricht die Sonne aus den Wolken und taucht die Welt in glänzendes Licht. Alles leuchtet! Die ersten Gänseblümchen und Löwenzähne, die frischen Blätter und der blaue Himmel! Tove hört auf zu grübeln, springt vom Baum und lässt sich ins Gras fallen. Sie streckt sich aus und schließt die Augen, um die Strahlen der Frühlingssonne noch besser auf der Haut genießen zu können. Jetzt spürt sie auch den warmen Wind, der über ihre Wangen streicht.

Und was ist das? Plötzlich landet ein unbekanntes Flugobjekt auf Toves Nasenspitze! Knisterig-krusselig fühlt sich das an! Tove öffnet die Augen und entdeckt überall winzige, rostbraune Raumschiffe, die durch die Luft gleiten. Sie sehen genau so aus, wie sich das Ding auf ihrer Nase anfühlt. Tove betastet das kleine Ufo. Hat was von Butterbrotpapier!

Woher kommen diese Raumschiffe bloß? Vom heiteren Himmel? Tove schaut sich um. Da entdeckt sie auf der Nachbarwiese einen riesigen Baum, von dem sie gestartet sein könnten. Glatt und grau ragt sein Stamm in den Himmel, wild verzweigt sind seine Äste und gemeinsam formen sie eine königliche Krone. Trotzdem wirkt der Baum im Gegensatz zu Salix noch ganz nackt, kahl und nicht besonders einladend. Doch Tove lässt sich nicht einschüchtern.

Schon am ersten Zweig bekommt sie etwas in die Finger, das den Miniatur-Raumschiffen ähnelt. Allerdings ist es schmaler, spitzer und fühlt sich viel härter an. Tove stellt fest, dass Hunderte von diesen Ufos an den Zweigen wachsen ... und begreift: Das sind die Knospen, in denen die jungen Blätter darauf warten, ans Licht zu kommen! Diese hier sind noch geschlossen, aber weiter oben, in der Sonne, leuchtet schon das erste Grün!

Tove klettert weiter, bis sie es erreicht. Wie weich und frisch sich die winzigen Babyblätter anfühlen! Dort, wo sich die Knospen gerade erst öffnen, warten die Blätter eng aneinandergekuschelt darauf, sich zu entfalten. Jedes einzelne ist von Hunderten samtigen, kleinen Härchen überzogen, die es schützen und streicheln! Begeistert befühlt Tove die kleinen Blättchen.

Jetzt begreift sie, welchen Baum sie da gerade bestiegen hat: eine Buche! Dort, wo sie mit Oma letzten Sommer wandern war, gab es ganz viele davon. Diese hier hat allerdings eine viel breitere Krone als ihre Verwandten im Wald und eignet sich besser zum Klettern. Was für ein perfektes Versteck sie sein wird, wenn erst mal überall grüne Blätter gewachsen sind!

Aufgeregt fragt Tove sich: Ist das mein Geschenk von der Frühlingsfee? Hat Oma recht mit ihren alten Geschichten davon, dass man Fantastisches erlebt, wenn man die Pflanzen nach einem langen Winter auf der Erde willkommen heißt?

Da fliegt Tove noch etwas Neues ins Gesicht. Sanft streicht ihr eine schneeweiße Blüte über die Haut. Wo kommt die jetzt schon wieder her? Tove blickt sich um. So entdeckt sie, dass hinter der dichten Hecke da drüben etliche kleine Bäume in gleichmäßigem Abstand stehen. Ist das eine Streuobstwiese? Wie die, wo Oma im Herbst immer Birnen und Äpfel erntet? Die Bäume leuchten nicht nur grün, sondern auch weiß und rosa und sogar knallpink. Tove springt von der Buche und rennt los. Schnell wie der Wind, der jetzt stärker und stärker wird.

Als sie die Wiese erreicht, gerät sie in einen richtigen Schneesturm! Doch es sind keine Eiskristalle, die hier durch die Luft wirbeln. Es sind Tausende von schneeweißen und zartrosa Blüten, die der Frühlingswind von den Zweigen löst. Dort, wo sie gesessen haben, werden im Herbst Früchte wachsen. Doch Tove denkt jetzt nicht an den Herbst. Sie tanzt mit den Blüten durch den Frühling.

Und sie ist nicht die Einzige, die den Farbzauber feiert. Die Bande der Nachbarskinder ist ihr auf die Wiese gefolgt! Tove spürt, wie ihr Herz aufgeregt pocht. Was werden die jetzt tun? Sie auslachen? Sie ärgern?

Nein! Sie tanzen mit ihr!

Komm,
wir finden
raus ...

... wie unterschiedlich Bäume sich anfühlen! Dazu eignet sich folgendes Spiel: Schließ die Augen, dreh dich ein paarmal und lass dich von einer Begleitperson blind zu einem Baum führen – am besten einem, der mit ein paar anderen zusammensteht. Jetzt versuche, mit den Händen so viel wie möglich über deinen Baum herauszufinden: Wie fühlt sich seine Rinde an? Wie breit ist er? Und wie krumm? Wo ist er bewachsen oder verletzt? Wenn du genug ertastet hast, lass dich wieder ein Stück wegführen und öffne die Augen: Welcher Baum passt zu dem, den du befühlt hast? Du wirst überrascht sein!

... wie gut sich auch mit den Füßen die Welt ertasten lässt! Geh mal ein paar Schritte barfuß durch den Wald. Laub, Zweige, Pilze, Moos ... Spürst du, dass sich jeder Schritt anders anfühlt? Je häufiger du barfuß unterwegs bist, desto sicherer wird dein Tasten: Denn mit der Zeit bildet sich unter dem Fuß eine Hornhaut, die funktioniert wie eine Schutzschicht, und du verletzt dich nicht so schnell.

... dass man Bäume trinken kann! Aus Weidenrinde kannst du dir zum Beispiel einen Tee kochen. Der ist gut gegen Kopfschmerzen und senkt Fieber, weil er »Salicylsäure« enthält. Na – merkst du was? Da ist wieder der Name »Salix« enthalten. Das ist der botanische Oberbegriff für alle Weiden. Toves Weide ist eine »Salix caprea«, eine Sal- oder auch Kätzchenweide. Aus der »Salix viminalis« kann man super Körbe und Zäune flechten. Du kannst dir sogar ein Zelt oder eine Räuberhöhle daraus »wachsen lassen«! Wenn du Weidenzweige in den Boden steckst, bilden sie nämlich ganz schnell Wurzeln und liefern dir immer wieder neue Zweige zum Verflechten.

Blütenzauberei

Wie fängt neues Leben an?
Meistens klein und zart.
Meistens kann man wenig sehen
und verpasst den Start.

Junge Blüten und auch Blätter
warten ewig, gut versteckt,
in den Knospen eingekuschelt,
bis die Sonne sie erweckt.

Dann sprießt überall das Leben,
grün und rosa, weiß, knallpink
feiern Obstbäume den Frühling.
Schau, wie's glitzert, glänzt und blinkt!

Doch das Magischste von allem ist,
was nach dem Blütentraum passiert:
Unscheinbar wächst aus der Mitte
eine Frucht und schenkt sich dir.

Wo kommt sie her? Wer brachte sie?
Das frag mal die Flügelwesen!
Vor allem jene, die laut summen,
sind nicht untätig gewesen ...

HÖREN

Nick und die Frühlingsgeräusche

Nick motzt. Schon wieder Sonne. Er wünschte, es würde regnen. Dann käme wenigstens keiner auf die Idee, in den Schrebergarten zu fahren. Zum Glück steht dort zwischen all den langweiligen Blumen und Bäumen dieser alte Bauwagen, wo Nick seine Ruhe hat. Vor den Eltern, vor Krabbeltieren und vor seinem kleinen Bruder Flo.

Sobald sie angekommen sind, verkrümelt Nick sich in den Wagen und spielt mit Mamas Tablet. Schon nach zehn Minuten poltert Flo herein. Er faselt verrücktes Zeugs von leckeren Blümchen und fragt: »Hast du schon die Frühlingsfee getroffen?«

Nick zuckt mit den Schultern. »Frühlingsfee? Wer soll das sein?«

Flo plappert los: »Oma hat doch von ihr erzählt. Wenn die Bäume die ersten grünen Blätter bekommen, zieht die Frühlingsfee durch die Natur und verteilt Geschenke! Hast du etwa noch keines bekommen?«

Nick rollt die Augen. Nein – er hat noch kein Geschenk bekommen, und er glaubt auch nicht an irgendwelche Zauberwesen. Genervt starrt er wieder auf das Tablet und ist heilfroh, als sein Bruder die Tür des Wagens endlich schließt und ihn in Ruhe lässt.

Ruhe? Leider nicht ganz!

Bbbbbbbbrrrrrrrrmmmmmm

Tief und gleichmäßig brummt es aus der Ecke mit dem alten, verschnörkelten Schrank.

Bbbbbbbbbbbbbbrrrrrrrrrmmmmmm

Egal! Nick daddelt weiter.

Bbbbbbbbbbbbbbrrrrrrrrrmmmmmm

Puh! Kann mal jemand dieses Gebrumme ausstellen? Nick hat eine Idee. Hastig durchwühlt er seinen Rucksack. Doch: Oh nein! Die gesuchten Kopfhörer sind nicht drin! Dabei könnte er die jetzt gut gebrauchen, um das Brummen auszublenden und sich in seine geliebte Welt der Musik zu verkriechen.

Bbbbbbbbbbbbbbrrrrrrrrrmmmmmm

Nick stöhnt auf. Das nervt! Und irgendwie klingt dieses Brummen auch ... unheimlich! Was kann das nur sein? Vom Sofa aus lässt sich das nicht herausfinden. Widerwillig steht Nick auf und nähert sich dem Geräusch. Da entdeckt er in einem dunklen Winkel hinterm Schrank ... ein sehr großes, sehr dickes, sehr düsteres, Furcht erregendes Flügelwesen! Wütend versucht er, es wegzuscheuchen, doch das Tier wird nur lauter und wilder! »Hilfe!«

Alle stürzen herbei: Die Eltern, der kleine Bruder, der junge Typ, der im Nachbargarten lebt. Gemeinsam schaffen sie es, das Insekt aus dem Wagen zu lotsen – mit großer Mühe

... und vor allem mit Ruhe. Wido, der
Nachbar, sagt: »Wir dürfen dem
Tier keine Angst machen. Das ist
eine Hornisse. Vermutlich sogar
die Königin.«
Eine Hornissenkönigin?!
Nicks Eltern sind in heller Aufregung.
Doch Wido beruhigt sie: »Hornissen wollen
weder euren Kuchen noch euer Blut! Sie
sind friedliche Giganten. Solange man sie in Ruhe lässt.«
Nick grinst. Er kann verstehen, wenn man seine Ruhe will.

Deswegen hat Nick auch kein Problem damit, dass dieses
brummende Riesenviech jetzt häufiger vorbeischaut. Doch
komisch ist das schon. Was sucht die Hornisse immer hinter dem alten Schrank? Nick fragt Wido danach.
»Oha!«, reagiert der. »Vermutlich will sie da ihr Nest bau-
en!« Wido kratzt sich die Nase. »Zieht sie das durch, schwir-
ren hier demnächst Hunderte von Hornissen rum ... könnte
ziemlich laut und wild werden.«
Nick findet: Das klingt super! Wenn der Wagen zum Hor-
nissenheim wird, haben seine bangbüxigen Eltern sicher
keinen Bock mehr auf den Garten! Dann würden sie Nick
endlich wieder in Ruhe zu Hause Playstation spielen lassen,
statt ihn jede freie Minute mit in die Natur zu schleppen.

Also versucht Nick, die Besuche der Königin ab jetzt zu verheimlichen und drückt die Daumen, dass sie bald mit den Bauarbeiten beginnt.

Doch sein kleiner Bruder durchkreuzt den Plan. Ständig poltert er herein, um Blumenlimo oder Kräuterkuchen zu machen, und petzt, wenn er die Königin sieht. Schließlich schnappt Papa sich die Fliegenklatsche und zischt: »Mir reicht's, ich schlag das Biest jetzt tot!«
»Halt!«, rufen Nick und Wido wie aus einem Munde.

Wido hat die besseren Argumente: »Hornissen stehen unter Naturschutz! Wer sie tötet, zahlt 50.000 Euro Strafe! Außerdem sind die Tiere total nützlich! Ein Hornissenvolk verspeist am Tag ein halbes Kilo Bremsen, Wespen und Blutsauger!«

»Ach ja?«, erwidert Papa. »Dann können sie ja bei dir wohnen! Wir verrammeln jetzt den Wagen und halten uns nur noch im Freien auf, bis die Königin sich woanders eingenistet hat!«

Nick ist entsetzt! Was soll er denn zwischen all den langweiligen Blümchen und Beeten?

Wido klopft ihm freundschaftlich auf die Schulter: »Wenn du willst, kannst du dich in meiner Laube verkriechen.«

Erleichtert nimmt Nick die Einladung an ... und findet sich im Paradies wieder. Was für coole Musikposter bei Wido an der Wand hängen! Und auch die vielen Bilder von Insekten und anderen Flügelwesen sind spannend! Wido weiß jede Menge Geschichten über sie und zeigt Nick seine Lieblingsmusik.

Zusammen erkunden die beiden in den folgenden Wochen nicht nur Widos Plattensammlung, sondern auch die umliegenden Gärten, Trampelpfade und Böschungen.

Wo die Hornissenkönigin jetzt wohl ihr Nest baut?

Mit gespitzten Ohren versucht Nick das vertraute Brummen aufzuspüren.

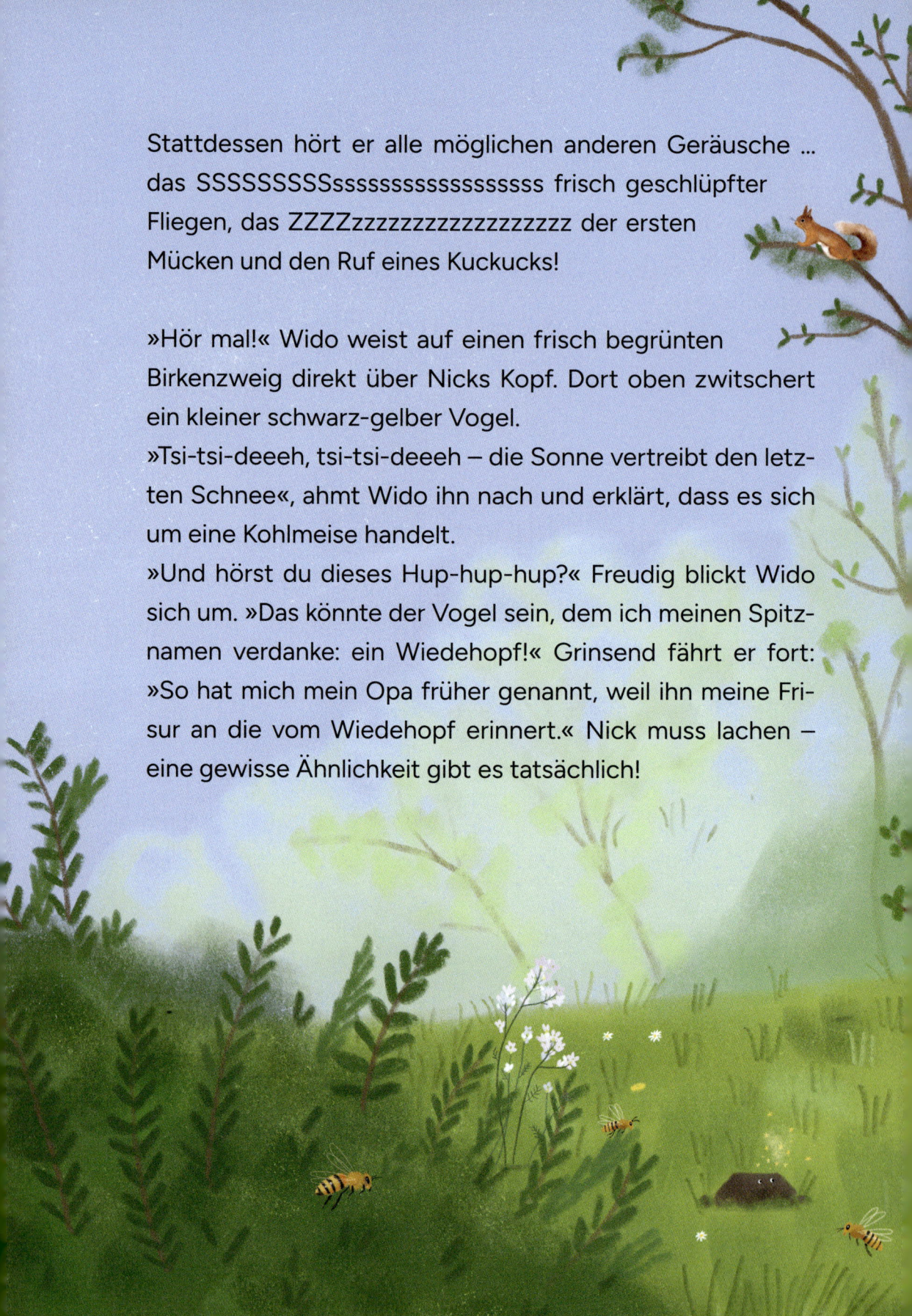

Stattdessen hört er alle möglichen anderen Geräusche ...
das SSSSSSSSsssssssssssssssssss frisch geschlüpfter
Fliegen, das ZZZZzzzzzzzzzzzzzzzzzzz der ersten
Mücken und den Ruf eines Kuckucks!

»Hör mal!« Wido weist auf einen frisch begrünten
Birkenzweig direkt über Nicks Kopf. Dort oben zwitschert
ein kleiner schwarz-gelber Vogel.
»Tsi-tsi-deeeh, tsi-tsi-deeeh – die Sonne vertreibt den letzten Schnee«, ahmt Wido ihn nach und erklärt, dass es sich
um eine Kohlmeise handelt.
»Und hörst du dieses Hup-hup-hup?« Freudig blickt Wido
sich um. »Das könnte der Vogel sein, dem ich meinen Spitznamen verdanke: ein Wiedehopf!« Grinsend fährt er fort:
»So hat mich mein Opa früher genannt, weil ihn meine Fri-
sur an die vom Wiedehopf erinnert.« Nick muss lachen –
eine gewisse Ähnlichkeit gibt es tatsächlich!

»Da drüben ist noch einer mit Stehhaaren. Die Haubenlerche. Kannst du sie hören? Trillipüü!«

Nick schüttelt den Kopf. »Ich höre nur den da!« Stolz zeigt
er auf einen leuchtend gelben Vogel, den er in der Krone einer Eiche entdeckt hat. Eine Goldammer! Die trällert: »Wie,
wie, wie bin ich müüüüd!?«

Ja, Nick kann auch Sätze verstehen. Und überhaupt: Es ist der Wahnsinn, was man alles hören kann, wenn man ganz still wird. Das Rauschen des Windes in den frischen Blättern, das Plätschern der Brunnenpumpe ... und ... da! Ist das etwa das Hoppeln eines kleinen Kaninchens?

Wido und Nick sitzen noch lange zusammen unter der Birke und zeigen sich gegenseitig witzige Geräusche.
Erstaunlich stumm bleibt allerdings die Hornissenkönigin.
»Ob sie inzwischen ganz woanders hingezogen ist?«, rätselt Wido.
»Oder ob sie doch irgendjemand getötet hat?«, fragt Nick. Bedrückt lauschen sie in den lauen Frühlingswind. Irgendwo in der Ferne muss doch das vertraute Brummen zu hören sein? Aber da brummt nur die Autobahn.
Achselzuckend sagt Nick schließlich: »Ich glaube, dein Handy klingelt!«
»Ne, das ist nicht mein Handy«, grinst Wido. »Das ist der Star. Der äfft fleißig jeden und alles um ihn herum nach.« Er zeigt auf eine Bande schillernder Vögel in den nächsten Büschen. »Sogar eine Motorsense oder eine Alarmanlage kann ein Star nachmachen!«

»Krass«, findet Nick. Und versucht seinerseits, den Star zu imitieren. Dann hat er eine Idee: »Wie wäre es, wenn wir aus den Geräuschen, die wir hören, Musik basteln?«

Am Ende des Frühlings haben Wido und Nick einen ganzen Song aus Tierstimmen entwickelt. »Wenn du willst, können wir den jetzt profimäßig aufnehmen«, schlägt Wido vor. »Ein Kumpel von mir hat in seinem Gartenhäuschen die nötige Technik. Er ist den Frühling über in Spanien und hat mir den Schlüssel gegeben, damit ich ab und an nach dem Rechten sehe.«
Als sie den Garten erreichen, hören sie plötzlich ein vertrautes Geräusch:
Brrrrrrmmmmmmmmmmmm
Nicks Herz hüpft.
Hier haben sich die Hornissen also eingenistet! Hinter einem alten Gitarrenverstärker! Beeindruckt erforschen Wido und Nick das riesige Nest, das die Königin gebaut hat. Viele Hornissen sind bereits

geschlüpft und brummen ausgelassen herum. Auch aus dem Nest dringen spannende Geräusche.

»Ob das die Larven darin sind?«, überlegt Wido. »Ich habe mal gehört, die nagen an den Wabenwänden, wenn sie Hunger haben und gefüttert werden möchten.«

»Lassen wir sie in Ruhe«, meint Nick. »Ist doch nicht schlimm, wenn wir jetzt nicht zum Aufnehmen kommen. Den Sommer über reichen ja auch die Geräusche vor der Haustür. Und im Winter, wenn die Hornissen weg sind, machen wir die Musikaufnahmen.« Wido stimmt grinsend zu.

Nick weiß auch schon, wem er die Aufnahme als Weihnachtsgeschenk schicken wird: Oma!

Mit dem Zusatz: »Grüße von der Frühlingsfee! Und besten Dank!«

Ob Oma so lange warten kann? Na, vielleicht schickt er ihr von Mamas Tablet auch gleich schon mal den Song als Sprachnachricht?

Er endet mit den Worten: »Natur ist alles – bloß nicht langweilig!«

**Komm,
wir finden
raus ...**

... was da für eine wilde Band an einem Frühlingsmorgen vor deiner Haustür tobt! Stell dich einfach mal ans Fenster und lausche dem Konzert der Vögel. Schon 90 Minuten vor Sonnenaufgang startet der Hausrotschwanz mit seinem Gesang, dann kommt die Amsel und kurz darauf das Rotkehlchen. Der Langschläfer unter den Vögeln ist die Ringeltaube. Ob sie deshalb so vehement Ruhe einfordert? Ihr Merkspruch ist: »Hör gut zu, Gudrun!«

... was »Zi-zi-züdelü« bedeutet! Kannst du dir vorstellen, woher dieser lustige Laut kommt? Hör genau hin: Wer da draußen macht wohl so? Der gelbe Vogel da? Oder der Bach? Aus den Geräuschen der Natur lassen sich Rätsel erfinden – und fantastische Wörter. Zum Beispiel: »Tirili-lallissili!« Na, was könnte das sein? Ein tolles Spiel: Ahme nach, was du hörst, und lass andere raten, was gemeint ist. Erkennst du »Wumsrummmbumms!«? Oder: »Knattertata-tatattt!«? Du kannst auch die Melodien der Vögel imitieren. Vielleicht sind auf diese Weise die allerersten Lieder entstanden, die Menschen gesungen haben?

... wie unsere Sinne uns manchmal auch täuschen! Dass viele Leute Angst vor Hornissen haben, liegt sicher daran, dass sie so groß und so laut sind. Über die Giganten der Insektenwelt wird viel Unsinn erzählt: zum Beispiel, dass sieben Hornissenstiche ein Pferd töten. Quatsch! Sie sind nicht gefährlicher als die der deutlich kleineren Wespen. Trotzdem solltest du vorsichtig sein, wenn dir eine Hornisse begegnet. Falls du allergisch auf Wespenstiche bist, kann das auch bei einem Hornissenstich ein Problem sein. Aber Hornissen stechen nur, wenn sie sich bedroht fühlen. Am besten ist es, sich ganz ruhig zu verhalten und nicht mit den Armen zu fuchteln. Kennst du weitere Wesen, die laut, groß und trotzdem harmlos sind?

Kiebitz

Krähe

Goldammer

Zilpzalp

Star

Kuckuck

»Trillipüüüüü, Tsi-tsi-deeeeeh,
Sonne vertreibt den letzten Schnee!«
Kohlmeise trällert ihr Frühlingslied,
Goldammer jammert: »Wie, wie, wie bin ich müüüd!«

»Kiwitt-kiwitt-kiwitt-kiwitt«,
zwitschert jetzt auch Kiebitz mit.
Kleiber pfeift gelassen »Tschiep«,
Goldammer piept: »Wie, wie, wie bist du liiieeeb!«

»Kra-kra-kra, ist gar nicht wahr«,
krächzt die freche Krähe, und auch der Star
schüttelt wild seinen hübschen Schopf.
»Hup-hup-hup«, flachst der Wiedehopf.

Zilpzalp rappt: »Zilp-zalp, Zalp-zilp«,
der gute Spatz sagt einfach »Tschilp«.
Guck mal – alle sind sie da!
»Sing mit uns«, lockt die Vogelschar!

Kohlmeise

Kleiber

Wiedehopf

RIECHEN

Lucy und die Frühlingsdüfte

»Ahuuuuuuuu!«

Freya setzt ihren Frühlingsschrei ab ... und schon jagt ihre Bande mit großen Sprüngen über eine Lichtung, die im sanften Licht der ersten Sonnenstrahlen leuchtet. Lucy hechelt den anderen Kindern hinterher. Immer wieder stolpert sie über eine Wurzel oder einen herumliegenden Baumstamm. Kein Wunder – für Lucy ist der Wald noch ganz neu. Bis zu diesem Frühling wohnte sie zwischen Straßenbahnschienen und Leuchtreklame mitten in der Stadt. Lucy vermisst den bunten Trubel ... und vor allem vermisst sie ihre alten Freundinnen. Die Spiele der Nachbarskinder hier sind ganz anders. Nach ihrem Umzug hat Lucy viele Stunden hinter dem neuen Gartenzaun gestanden und beobachtet, wie sie zusammen durch die

Wildnis fegen. Lucy hat sich nicht getraut zu fragen, ob sie mitmachen kann. Bis eines Tages ihre große, sonst so schweigsame Schwester Tove lachend mit den Nachbarskindern von der Wiese kam ...

Seither sind die beiden in der Bande aufgenommen. Doch Lucy fällt es schwer, sich auf die fremden Abenteuer einzulassen. Früher hat sie mit ihren Freundinnen meist drinnen gespielt: Deckenverstecken oder Labor oder Apotheke oder so. Die neuen Nachbarskinder haben immer ganz andere Ideen. Was jetzt wohl wieder kommt?

Plötzlich hält Freya an und ruft: »Macht mal alle die Augen zu!« Als keiner mehr blinzelt, hört Lucy seltsame Geräusche. Klingt, als würde jemand etwas abreißen und zerrupfen. Dann flüstert Freya: »Na, was riecht ihr jetzt?«

Als Lucy sich auf ihre Nase konzentriert, verschwinden die ängstlichen Gedanken, die ihr die Dunkelheit und die fremde Umgebung zuerst machten. Sie staunt, wie würzig und frisch die Luft duftet, die sie einatmet. Etwas an diesem Geruch erinnert sie daran,

wie sie mit ihren alten Freundinnen
Eis selbst gemacht hat.
»Was duftet hier so nach Vanille?«, wundert sich Lucy.
»Und nach Mandeln?«
Gespannt öffnen jetzt alle die Augen. Freya zeigt ihnen
grinsend die sternförmige grüne Pflanze, die sie gepflückt
und zerrieben hat. »Waldmeister!«

Da mischt sich plötzlich eine strenge Note in den Duft. Sie
erinnert Lucy an dieses Gewürz, von dem Papa immer viel
zu viel in die Erbsensuppe kippt: Maggi. Als sie die anderen
darauf aufmerksam macht, ruft jemand erschrocken: »Oh-
oh, Schwarzkittel-Alarm! Bringt euch sofort in Sicherheit!«
Aufgeregt springen alle Kinder davon. Bloß Lucy steht wie
angewurzelt da. Was ist hier los? Was sind Schwarzkittel?
Und: Wo ist es denn sicher? Hilflos blickt Lucy sich um.

Zum Glück ist da plötzlich eine vertraute Hand. Tove zieht
Lucy hoch zu sich auf einen Baum. Dessen zitronig duften-
den Nadeln bieten Tarnung. Die Rinde riecht nach dem Öl,
das Oma manchmal in ihr Badewasser gießt.
»Keine Angst, die Kiefer passt schon auf uns auf«, flüstert
Tove. Im Gegensatz zu Lucy hat sie Omas Einladungen in
die Natur immer gern angenommen – Lucy blieb lieber

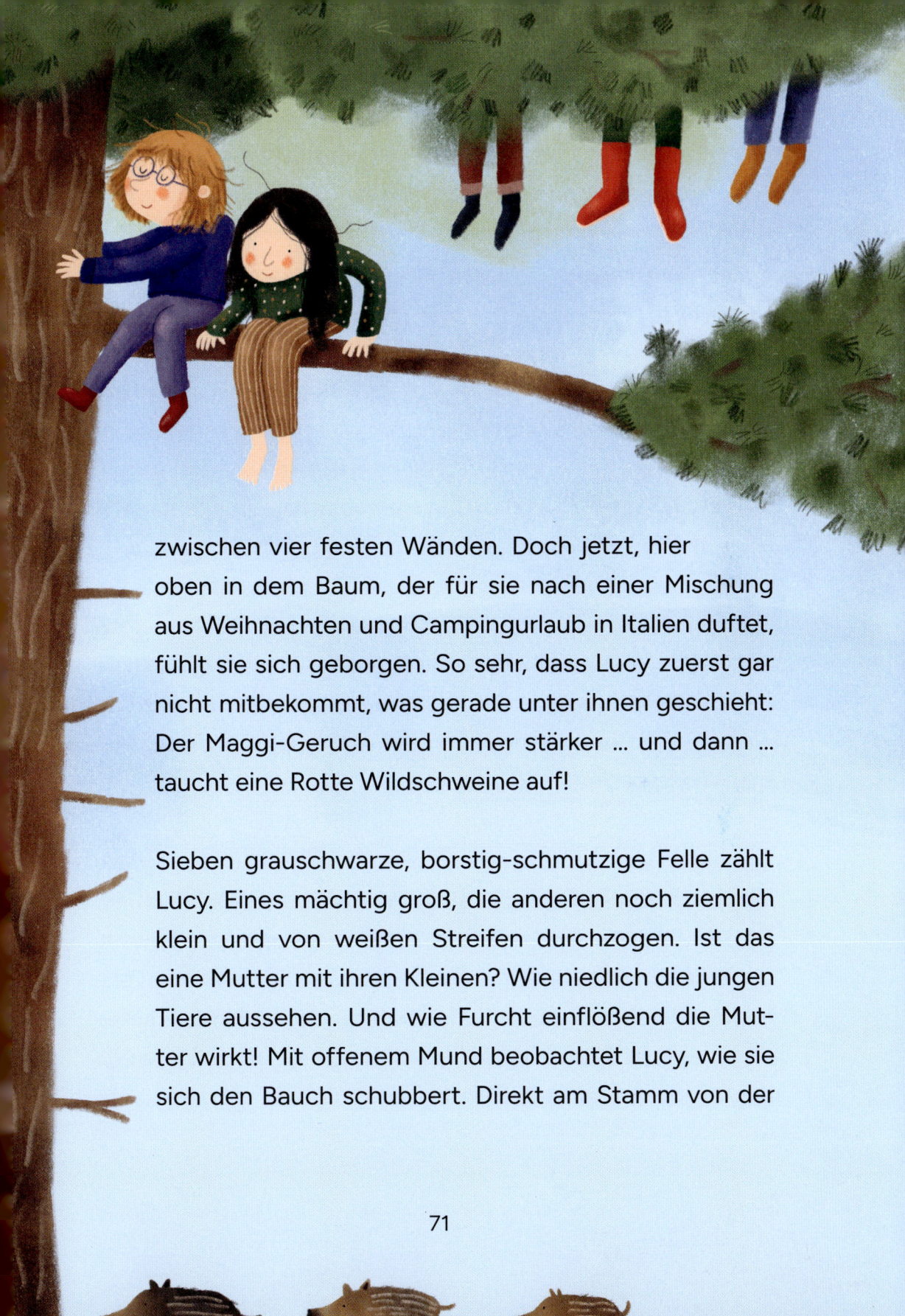

zwischen vier festen Wänden. Doch jetzt, hier
oben in dem Baum, der für sie nach einer Mischung
aus Weihnachten und Campingurlaub in Italien duftet,
fühlt sie sich geborgen. So sehr, dass Lucy zuerst gar
nicht mitbekommt, was gerade unter ihnen geschieht:
Der Maggi-Geruch wird immer stärker ... und dann ...
taucht eine Rotte Wildschweine auf!

Sieben grauschwarze, borstig-schmutzige Felle zählt
Lucy. Eines mächtig groß, die anderen noch ziemlich
klein und von weißen Streifen durchzogen. Ist das
eine Mutter mit ihren Kleinen? Wie niedlich die jungen
Tiere aussehen. Und wie Furcht einflößend die Mutter wirkt! Mit offenem Mund beobachtet Lucy, wie sie
sich den Bauch schubbert. Direkt am Stamm von der

Kiefer, auf der sie sich versteckt haben! Plötzlich hebt die Alte den Kopf ... und schnuppert. Lucy hält den Atem an. Ob die Wildschweinmutter sie wittert? Vielleicht! Eilig treibt sie jetzt ihre Kinder weiter und verschwindet mit ihnen im Unterholz.

»Puh!«, macht Tove leise. Aufgeregt sieht sich Lucy nach den anderen um. Doch sie sind nirgendwo zu sehen. Erst als Freya sich mit einem Sprung ins Moos fallen lässt, regen sich auch in den Büschen und Bäumen ringsum Gestalten. Erleichtertes Gekicher tönt über die Lichtung.
Dann winkt schon das nächste Abenteuer, denn jemand ruft: »Kommt, wir folgen den Spuren der Wildschweine!« Lucy sucht Toves Blick. Ist das nicht wahnsinnig? Freya grinst, als sie das aufgeregte Getuschel der Schwestern bemerkt. »Natürlich in umgekehrter Richtung! Wir gehen dahin, wo die Wildschweine herkommen.«

Erleichtert folgen die beiden den anderen tiefer in den Wald, vorbei an Farnen, Sträuchern und Buschwindröschen. Wo der Boden weich und feucht ist, lassen sich die Spuren der Wildschweine gut erkennen. An festen Stellen finden sie andere Zeichen: zerbrochene Zweige, abgeschabte Rinde, abgerissenes Moos. Je dichter und grüner der Wald wird, desto doller wird sein Geruch. Lucy ist hin und weg von dieser Mischung aus dunklem Honig, frischem Tee und Kaminfeuer, die jetzt durch ihre Nase strömt und sich sanft im ganzen Körper verteilt. Mit jedem Schritt fühlt sie sich freier. Und stärker!

Plötzlich juchzt eines der anderen Kinder laut auf. Was ist los? Lucy schiebt die Zweige beiseite, die ihr die Sicht versperren. Da ist eine riesige Pfütze! Im Nu ist eine wilde Schlammschlacht im Gange. »Hier sind die Frischlinge vorhin wohl auch herumgetollt!«, meint Tove und zeigt Lucy die Spuren.

Achtung! Ein Schlammball fliegt knapp an Lucys Ohr vorbei. Sie stolpert ein paar Schritte zurück ins Dickicht. Da entdeckt sie, woher das ganze Wasser kommt, das hier den Boden aufgeweicht hat. Eine Quelle! Zwischen den modrigen Blättern tut sich im Boden ein Loch auf! Leise gluckernd sprudelt Wasser daraus hervor.

»Schaut euch das an!« Lucys Stimme überschlägt sich fast. Stolz zeigt sie den anderen Kindern, was sie gefunden hat. »Wohin das Wasser wohl fließt?«

Alle folgen dem plätschernden Rinnsal, bis daraus ein richtiger kleiner Wildbach geworden ist. Schon ziehen die ersten Kinder ihre Schuhe aus, springen hinein und bespritzen sich gegenseitig mit Wasser. Das tut gut! Denn so langsam wird dieser Frühlingstag richtig heiß. Kräftig scheint die Sonne durch dunkle Wolkenberge. Nachdem sich die Kinder aus-getobt haben, waten sie barfuß stromabwärts, um heraus-zufinden, was hinter der nächsten Biegung liegt.

Auf einmal nimmt Lucy einen Geruch wahr, der für ihren Geschmack hier nicht hingehört. So riecht es doch auch, wenn Papa Zaziki macht oder Tante Katja ihr berühm-tes Aioli-Brot backt?!

»Ist das Knoblauch?«, fragt Lucy.

»Nein, BÄR-Lauch!« Übermütig macht Freya einen Grizzly nach. Lucy sieht sich vorsichtig um. Warum heißt das Kraut so? »Gibt es wirklich Bären hier?«

»Höchstens Waschbären!«, ruft Freya, kommt aus dem Bach und pflückt eines der langen, grünen Blätter ab, die hier massenhaft am Ufer wachsen. Sie beginnt daran zu knabbern, grinst ... und hält Lucy auch eines hin. Stirnrun-zelnd greift die zu. Ob man das darf?

»Daraus haben Oma und ich schon mal Pesto gemacht«, erinnert sich Tove.

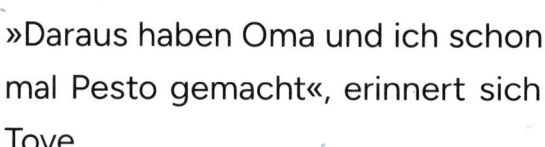

Lucy probiert. Ui! Schmeckt
scharf ... und der Geruch beißt in
der Nase! Aber irgendwie: »Lecker!«

Dann streicht ein Windhauch über
Lucys Haut, und der Duft der Luft ver-
ändert sich. Lucy ahnt, was gleich passieren
wird. Sie wundert sich, dass die anderen
einfach weiterspielen.
»Ähm«, stammelt Lucy, »wir sollten
uns einen sicheren Platz suchen.«
»Was?« Verwundert sieht Freya auf.
»Ich glaube, es wird gleich feste regnen«, erklärt
Lucy.
Freya runzelt die Stirn. »Woher willst du das denn wissen?«
Noch bevor Lucy antworten kann, prasselt ein Schauer auf
sie herunter. Und mit den ersten Tropfen, die auf den Boden
fallen, steigt ein herrlicher Duft in ihre Nasen. Stärker und
stärker wird er mit jedem Regentropfen. Gebannt hockt
Lucy neben Freya und Tove unter der Kiefer, unter die sie
sich gerettet haben, und schnuppert den wunderbar wei-
chen, würzigen Geruch, der sich immer weiter ausbreitet.

Als die letzten Tropfen gefallen sind, bohrt Freya nach:
»Woher hast du gewusst, dass Regen kommt?«

»Das kann man doch riechen«, antwortet Lucy.

»Also – ich kann das nicht riechen«, grummelt Freya. Lucy merkt, wie sich ihr Magen zusammenzieht. Ob Freya, die immer so cool tut, damit klarkommt, dass jemand etwas besser kann als sie? Einen Moment lang ist es sehr still im Wald. Dann sagt Freya: »Da hast du wohl ein besonderes Talent. Das kann unsere Bande gut gebrauchen!« Feierlich fügt sie hinzu: »Ich gebe dir den Spitznamen ›Spürnase‹.«

Lucy wird rot. Bisher fand sie es oft eher unangenehm, dass sie so gut riechen kann. Keine schöne Sache, wenn du von Abgasen, Mülltonnen und den Gerüchen verschiedenster Imbissstuben umgeben bist. Dass ihr feines Näschen ihr mal einen Ehrenplatz in Freyas Bande einbringen würde, damit hat Lucy nicht gerechnet.

Da zupft Tove an ihrem Ärmel: »Es ist schon fast sechs! Wir müssen los! Oma kommt doch heute aus dem Krankenhaus, die wollten wir noch besuchen.«

Bärlauch

Wo steckt in dieser Geschichte eigentlich die Frühlingsfee?

Als sie später vor Omas kleinem, gelben Haus vorfahren, stellt Lucy begeistert fest: Hier gibt es ja auch Bärlauch! Ihr kommt eine Idee: »Geht ruhig schon vor, ich muss noch schnell was erledigen!« Eilig pflückt Lucy ein paar der grünen Blätter und stürmt herein, um sie Oma zu schenken. Vielleicht können sie Pesto daraus machen?!

Da merkt Lucy: Dieser Bärlauch duftet ja gar nicht.

»Das ist auch gar kein Bärlauch«, grinst Oma. »Das sind Maiglöckchen ... und die sind sehr giftig! Schon vom Anfassen bekommen manche Menschen Ausschlag.« Oma stellt die Blätter in eine Vase und wäscht dann zusammen mit Lucy die Hände.

»Bärlauch und Maiglöckchen sind vor der Blüte leicht zu verwechseln, wenn man nicht auf den Geruch achtet«, erklärt Oma noch mal in Ruhe. Lächelnd nimmt sie Lucy in den Arm. »Gut, dass du deine feine Nase im Wald trainiert hast!«

Maiglöckchen

77

Komm,
wir finden
raus ...

... wie viele verschiedene Gerüche du dir merken kannst!
Kennst du das Spiel »Memory«? Das funktioniert auch mit
Düften! Und zwar so: Wenn du in der Natur etwas findest,
das besonders interessant riecht, zum Beispiel ein Stück
Moos oder Kiefernrinde, verstaust du es in einer alten Film-
dose oder in einem anderen blickdichten Behälter. Sam-
mele acht bis zehn interessante Gerüche und versuche sie
später zuzuordnen. Du kannst auch andere Kinder erraten
lassen, woher sie kommen!

... wie Regen riecht! Trau dich beim nächsten Schauer nach
draußen und achte darauf, wie sich die Luft verändert. Was-

ser ist natürlich geruchslos – aber fallen Regentropfen auf den Boden, bilden sich winzig kleine Luftblasen ... und platzen sie, verströmen sie den Geruch der Erde und pflanzlicher Öle. Dieser Duft ist so bezaubernd, dass man in Indien sogar eine Technik gefunden hat, ihn in Flaschen aufzubewahren. Wer eine feine Nase wie Lucy hat, kann den Regen schon riechen, wenn er noch weit weg ist. Das liegt auch am Gas Ozon, das der Wind mit sich trägt, wenn ein Sturm aufzieht.

... warum Bäume duften. Stell dir vor: Ihre Gerüche tragen Botschaften in sich! Kannst du sie entschlüsseln? Für Insekten kein Problem. Bienen riechen genau, wenn ein Baum ihnen sagen will: »Kommt her, ihr süßen Flügelwesen, helft mir bei der Fortpflanzung!« Auch untereinander verständigen sich Bäume per Duftnachricht. Sie informieren sich, wie es ihnen gerade geht, und warnen sich vor Gefahren. Bekommt eine Fichte zum Beispiel Probleme mit dem gefräßigen Borkenkäfer, rät sie ihren Nachbarn, ihre Abwehrkräfte zu stärken. Wird eine Buche von Blattläusen angegriffen, ruft sie über ihren Geruch deren natürliche Feinde herbei, um sie loszuwerden. Für uns Menschen hat der Duft des Waldes die Botschaft: »Entspann dich!« In Japan gilt »Waldbaden« als richtige Medizin. Nimm so oft wie möglich ein paar tiefe Atemzüge von der guten Luft. Spürst du, wie sie dich stark macht?

Immer der Nase nach

Warum ist die Nase
mitten im Gesicht?
Ist beim Waschen doch nicht praktisch
und auch beim Küssen nicht.

Aber isst du frische Waffeln,
spürst du, was es bringt,
dass der Mund und deine Nase
so nah beieinander sind.

Die Nase hilft dir auch beim Schmecken,
lässt dich Leckeres entdecken:
Feinster Waldmeister im Eis
oder Ringelblumenreis.

Manche Düfte locken an,
manche warnen vor Gefahren.
Stinkt dir was, nimm das als Warnung:
Schönheit ist sehr oft nur Tarnung!

Auf geheimnisvolle Weise
leiten uns Gerüche leise
durch das Leben und die Welt,
führen dahin, wo's uns gefällt!

SEHEN

Milan und die Frühlingsstadt

Milan steht auf seinem Balkon im sechsten Stock und hält Ausschau nach der Frühlingsfee. Die bringt nämlich coole Überraschungen, wenn man ihr hilft, die ersten Pflanzen und Tiere in Empfang zu nehmen, die nach dem Winter auftauchen. Sagt Oma. Aber wie soll das hier funktionieren? Milan kann weit und breit nur Häuser, Straßen, Autos sehen. Die Natur ist weit entfernt von diesem Wohnblock! Oder? Während Milan grübelt, ziehen Wolken vorbei, tanzen Sonnenstrahlen über die Mauern. An dem Baum neben seinem Hochhaus zeigen sich die ersten grünen Blätter, und ein Eichhörnchen saust durch die Zweige. Doch all das nimmt Milan nicht wahr, denn er starrt enttäuscht nach unten ins Graue. Und die Löwenzähne, die sich dort ihren Weg durch den Beton bahnen, sind so weit weg, dass er sie mit bloßem Auge nicht erkennen kann.

Fast gibt Milan schon die Hoffnung auf, dass die Frühlingsfee jemals zu ihm nach Hause kommen wird, da hockt plötzlich ein unscheinbarer, graubrauner Vogel auf seinem Balkon. Mit neugierigen Augen beobachtet er, wie Milan einen Schokoriegel verspeist.

»Was willst du denn hier?«, spricht Milan ihn an.

»Tschilp«, antwortet der Vogel. Und fängt unruhig an zu hopsen, sobald Milan seinen Riegel zum Mund führt. Vielleicht möchte er ein Stück abhaben?

»Ich fürchte, der ist nichts für dich. Da ist Zucker drin.« Der Vogel sieht Milan verständnislos an. »Ich hol dir was Besseres von drinnen. Kannst du so lange warten?«

Hat das Tier gerade genickt?!

Anscheinend nicht. Denn als Milan aufsteht und zur Balkontür gehen will, fliegt es panisch davon. Milan seufzt. Wie schade! Vielleicht kommt der Vogel zurück, wenn er trotzdem etwas zum Knabbern hinstellt? Milan flitzt in die Küche und holt eine Schale Haferflocken.

Da flattert der kleine Kerl tatsächlich wieder heran. Aufgeregt macht er sich über das Futter her.

Von jetzt an versucht Milan oft »seinen« Vogel wiederzutreffen. Manchmal wird er dabei ganz schön ungeduldig, denn er hört zwar ständig das laute Tschilpen – doch wo kommt es her? Wenn überhaupt, dann sieht Milan seinen

Vogel auf dem Balkon im vierten Stock des Hochhauses gegenüber herumhüpfen. Was ist da los?

Milan holt ein Fernrohr aus dem Schrank und stellt fest: Auf diesem Balkon gibt es jede Menge komischer Kisten und Kästen. Und dann entdeckt er dort Yara, das neue Mädchen aus seiner Klasse!

Am nächsten Tag in der Schule fragt er Yara, was es mit den Kästen auf sich hat. Nicht mit Worten, denn sie kann noch nicht so gut Deutsch. Milan zeichnet einfach ihren Balkon auf und malt ein Fragezeichen neben die Kästen. Da gleitet ein breites Lächeln über Yaras Gesicht. Sie zückt ihre Buntstifte und malt einen Vogel dazu. Milan erkennt die weißen Backen und den schwarzen Fleck auf der Brust. Begeistert ruft er: »Das ist mein Vogel!«

»Asfour«, benennt Yara das Tier. Als Milan bloß große Augen macht, nimmt sie ihr Wörterbuch und schlägt die Übersetzung nach: »Spatz!« Milan muss lachen. So nennt Oma ihn auch manchmal, doch Milan hatte bisher keine Ahnung, wie ein Spatz eigentlich aussieht.

Jetzt zeichnet Yara noch fünf kleine Eier neben den Vogel ... und dann einen Kasten drum herum, wie er bei ihr am Balkon hängt.

»Willst du damit sagen, dass dein Spatz Babys bekommt? In diesem Kasten?«, fragt Milan.

Yara lächelt. Von so tief innen, dass ihre Augen zu leuchten beginnen. Oder ist das die Frühlingssonne, die sich darin spiegelt?

Yara malt noch weitere Vögel für Milan. Einer hat einen auffällig roten Schwanz. Als Yara im Wörterbuch liest, wie man ihn auf Deutsch nennt, muss sie lachen: »Hausrotschwanz«! Na logisch! Einzeln genommen waren das einige der ersten Wörter, die sie hier gelernt hat. Typisch Deutsch, die Begriffe einfach alle aneinanderzuhängen!

Als Nächstes zeichnet Yara eine Landkarte. Milan erkennt ihr Hochhaus darauf, dann hohe Berge, ein Meer ... und schließlich ein paar Hügel auf der anderen Seite des Meeres. Dahinter malt Yara ein zweites Haus, nicht so hoch wie das erste, sondern klein und gemütlich. Daneben schreibt sie: ZUHAUSE.

Milan erinnert sich: Die Lehrerin hat ihnen erzählt, dass Yara von weit her kommt. Sie erklärte, dass man dort eine andere Sprache spricht und dass auch sonst vieles ganz anders ist als hier.

Doch eines ist anscheinend gleich: die Vögel! Gespannt beobachtet Milan, wie Yara auf dem Bild überall um das kleine, gemütliche Haus herum Nester malt.

»Gibt es dort, wo du früher gewohnt hast, auch Spatzen und Hausrotschwänze?«, will Milan wissen. Yara strahlt ihn an.

In der nächsten Zeit erzählt Yara Mila viel darüber, wie es bei ihr zu Hause war. Zuerst mit Händen und Füßen, dann kommen immer mehr Wörter dazu. Denn Yara lernt schnell, und mit einem Freund wie Milan geht das viel leichter als mit einem Buch oder so. Geduldig wiederholt er die Sätze, die sie nicht sofort versteht, und zeichnet die Dinge, die sie noch nicht verstehen kann, einfach auf ein Blatt Papier. So erfährt Milan, dass Yara früher in einem kleinen Dorf in Syrien gelebt hat, mit Oliven- und Zitronenbäumen vor der Tür. Um die Natur näher an das Hochhaus zu holen, in dem sie jetzt wohnen, hat ihr Vater die Nistkästen gebaut:
Sie sollen Vögel anlocken.
»Für Papa ist es schwer hier«, sagt Yara.
»Papa ist wie ein Spatz.«
»Wie meinst du das?«
Yara erklärt, dass Spatzenmännchen sich normalerweise kaum ein paar Hundert Meter von dem Ort entfernen, wo sie geboren sind. Und dass sie sehr gesellig sind. Spatzen leben in Großfamilien, häufig Nest an Nest mit ihren Brüdern, Schwestern, Tanten, Onkeln, Neffen und

Nichten. Auch Yaras Großfamilie wohnte früher Hof an Hof in der gleichen Straße. Ihr Papa hat das geliebt. Doch dann kam der Krieg, und sie mussten flüchten.

Yara guckt weg. »Jetzt sind wir vom Rest der Familie getrennt.«

Für eine Weile ist es ganz still. Milan folgt Yaras Blick aus dem Fenster in die Ferne. Schließlich sagt er: »Meine Mutter ist eine Mauerseglerin.« Die mutigen, pfeilschnellen Flugkünstler, die Yara ihm neulich in ihrem Sachkundebuch gezeigt hat, haben ihn schwer beeindruckt. Mauersegler sind ständig in der Luft, sie essen dort sogar und legen ohne Unterbrechung riesige Entfernungen zurück. »Mama ist auch pausenlos unterwegs«, erklärt Milan. »Sie düst von einem Termin zum anderen. Und umgezogen sind wir auch schon hundertmal, weil sie immer wieder woandershin will!«

»Meine Mutter ist eine Mehlschwalbe«, lächelt Yara. »Mehlschwalben kommen fast überall auf der Welt klar. Genau wie meine Mama. Ganz egal, wo sie ihr Nest baut: Es wird gemütlich!« Dann hat Yara eine Idee: »Komm doch heute nach der Schule mit zu uns. Ich zeig dir meine Vogelhäuser.«

Ab jetzt verbringt Milan viel Zeit bei Yaras Familie. Bei Regenwetter basteln sie mit Yaras Vater weitere Nistkästen oder kümmern sich um das Futter. Bei Sonne flitzen die Kinder gemeinsam um die Hochhäuser und bemerken,

dass hier viel mehr los ist, als sie noch vor wenigen Wochen
dachten! Zusammen entdecken die beiden das Eichhörnchen, das inzwischen Junge hat. Sie finden Waschbärspu-
ren im Hinterhof ... und sogar einen Zitronenfalter, der über
den Mülltonnen tanzt!

Am liebsten stehen sie zusammen auf einem ihrer beiden
Balkone und begrüßen die Vögel, die neu in die Siedlung
kommen. Aufgeregt beobachten sie die Mehlschwalben
und die ersten Mauersegler, die sich hier nach dem langen,
kalten Winter blicken lassen.

Und dann sind auch endlich die Küken in Yaras Nistkästen geschlüpft! Zuerst kommen die jungen Spatzen heraus, etwas später auch die Hausrotschwänze. Yara kann stundenlang zuschauen, wie die Kleinen die neue Umgebung erkunden. Jeden Tag werden sie ein wenig mutiger!

Milan grinst: »Ich glaube, wenn du ein Vogel wärst, dann wärst du ein Hausrotschwanz. Du bist genauso mutig wie die!« Jetzt wird Yara echt ein bisschen rot.

Beim nächsten Besuch berichtet Milan Spannendes: »Meine Oma hat erzählt, dass Hausrotschwänze mehrere Zuhause haben können! Wenn die Kleinen da groß sind und es ihnen im Winter zu kalt wird, fliegen sie in wärmere Gegenden ... vielleicht zu euren Verwandten! Und im Frühling kehren sie wieder hierher zurück. Oma sagt, Hausrotschwänze zeigen, dass man sich an zwei ganz verschiedenen Orten zu Hause fühlen kann. Ist das nicht cool?«

Yara nickt begeistert. Sie wusste zwar, dass es Vögel gibt, die umherziehen. Aber dass genau dasselbe Hausrotschwänzchen, das hier gerade geschlüpft ist, den Winter bei ihrer Tante in Syrien verbringen könnte ... was für eine schöne Vorstellung!

Doch dann verfinstern sich Yaras Augen. »Ich hoffe, ich kann auch irgendwann so leicht hin- und herfliegen wie die Vögel. Im Moment geht das leider nicht.« Traurig schaut sie zu Boden. Milan setzt sich neben sie.

Später blättern sie gemeinsam in dem Vogelbuch, das Milan von seiner Oma bekommen hat: »Schau mal, hier steht auch noch: Hausrotschwänze nisten gern an Hochhäusern und Balkonen, weil sie ursprünglich in Gebirgen lebten!«

Milan staunt: sich so umzustellen! Das muss man erst mal schaffen!

Yara liest weiter: »An vielen Orten gilt der Hausrotschwanz als Glücksbringer.« Sie schaut auf. »Was heißt das: Glücksbringer?«

Milan überlegt einen Moment: »Jemand, der einem das Leben schöner macht.« Dann grinst er: »Du bist zum Beispiel eine Glücksbringerin!« Yara grinst zurück.

»Und wusstest du, dass Milan auch ein Vogelname ist? Der Name eines Greifvogels!« Milan hebt die Arme, als würde er sich in die Luft schwingen. Yara macht mit und flitzt los: »Komm! Wir beobachten, wie die Zitronenfalter tanzen!«

Während sie die Treppe herunterstürmen, fragt Milan sich: Ob dies sein Geschenk von der Frühlingsfee ist? Auf jeden Fall ist ihre Freundschaft ein Geschenk.

**Komm,
wir finden
raus ...**

... wie lebendig deine Umgebung ist! Dazu musst du et-
was tun, was erst mal leicht klingt, aber richtig schwer
sein kann: eine ganze Weile lang still sitzen. Nach ungefähr
zwanzig Minuten zeigen sich Käfer, Vögel und viele weitere
Tiere in deiner Nähe, die du hier gar nicht vermutet hättest.
Das funktioniert nicht nur im Wald, sondern auch auf der
Parkbank ... und wie du bei Milan siehst: sogar auf deinem
Balkon. Ein Geheimtipp: Du entdeckst umso mehr in der
Natur, je ruhiger du dich verhältst.

... wie normal es in der Tierwelt ist, mehrere Zuhause zu haben! Etwa die Hälfte der Vögel, die du bei uns im Sommer sehen kannst, sind Zugvögel: Sie ziehen im Winter in wärmere Gegenden. Genauso machen es einige Schmetterlinge ... oder zum Beispiel auch Rentiere. Eichhörnchen benutzen selbst im näheren Umkreis gern mehrere Nester gleichzeitig, oft auch verlassene Spechthöhlen oder alte Nester von Krähen. Wenn du Tiere beobachten willst, klappt das am besten, wenn du weißt, wo sie wohnen. Also halte Ausschau danach, wer in deiner Umgebung alles haust: Wo entdeckst du Nester, Höhlen, Löcher im Boden?

... wie unterschiedlich das Familienleben im Tierreich aussehen kann! Manche Eltern bleiben ewig zusammen, manche wechseln oft die Partner. Manchmal versorgt die Mutter die Kleinen, manchmal der Papa, manchmal beide zusammen. Alles ganz normal. Schau dich mal in deiner Umgebung um: Auch die Nester der Vögel sind ganz unterschiedlich. Höhlenbrüter wie Blaumeisen oder Trauerschnäpper brauchen ein anderes Zuhause als der Hausrotschwanz. Daher ist es beim Nistkastenbau wichtig, sich vorher zu überlegen, welche Vögel dort einziehen sollen — und können! Nützliche Hinweise und Bauanleitungen dazu findet man bei Naturschutzorganisationen im Internet.

Weitblick

Sehen ist so eine Sache,
über die ich manchmal lache.
Denn, wer die Dinge nur äußerlich sieht,
bekommt nicht alles mit, was geschieht.

Hinter den Wolken wartet die Sonne –
selbst wenn sie grau sind und riesengroß.
Der Mond zeigt sich nur selten als Ganzes,
und trotzdem ist er rund wie ein Kloß.

Will man die Dinge wirklich verstehen,
muss man sie von allen Seiten besehen.
Weite deinen Blick – und auch das Herz.
Kurzsichtigkeit bringt der Welt sehr viel Schmerz.

Drum ... mach deinen Blick scharf!
Dann siehst du: Unterschiede machen Spaß.
Mach deinen Blick weich.
Dann siehst du: Im Kern sind wir alle gleich.

Egal ob Pflanze, Mensch oder Tier –
WIR ALLE HIER
brauchen Nahrung, brauchen Licht.
Wer sieht das nicht?

Ein Frühlingsfest für alle

Flo schleppt stolz die selbst gemachten Schätze aus dem Bauwagen zum Büfett. Zusammen mit seinem neuen Freund Fritz hat er jede Menge Löwenzahnpizza, Blumenlimo und Gundermannpralinen für diesen besonderen Tag vorbereitet: Heute kehrt Oma in ihren Garten zurück!

Die ganze Familie ist gekommen, um das mit einem Frühlingsfest zu feiern. Und die Kinder haben noch weitere Partygäste mitgebracht: Nick hat Wido eingeladen, Tove und Lucy werden von ihrer neuen Freundin Freya begleitet, und Milo hat nicht nur Yara, sondern ihre gesamte Familie im Schlepptau!

»Das ist das Geschenk der Frühlingsfee für dich, Oma!«, ruft Flo.

Die alte Frau strahlt ihn an: »Du meinst, wo ich dieses Jahr im Bett liegen musste, statt die Tiere und Pflanzen zu begrüßen, kann ich dafür jetzt ein paar neue Menschen hier empfangen!?« Flo nickt stolz.

»Das sind ja auch Frühlingsboten«, wirft Milan ein. »Sie haben uns alle etwas Neues, Spannendes mitgebracht! Genau wie die Tiere und Pflanzen!« Milan erzählt, dass Yara gleich gegenüber wohnt und sie zusammen Vögel beobachten. Da klettern Freya, Lucy und Tove schon lachend mit Yaras Geschwistern auf dem nächstbesten Baum herum. Nick und Wido fallen zusammen über die Gundermannpralinen her.

»Die Frühlingsfee hat euch also reich beschenkt!«, freut sich Oma.

Die Eltern grinsen sich geheimnisvoll an.

Milan fragt skeptisch: »Gibt es die Frühlingsfee denn überhaupt wirklich?«

»Na ja«, meint Nick mit vollem Mund. »Mir hat sie jedenfalls viel Spaß gebracht!«

Freya ruft von der höchsten Spitze des Kletterbaums: »Mir auch!« Sie plappert davon, was für spannende Abenteuer Lucys Spürnase ihrer Bande beschert hat. »Und Tove kann nicht nur super klettern, sondern auch Geschichten erzählen. Die von der Frühlingsfee ist super ...«

Toves blasses Gesicht färbt sich zartrosa. So wie die Apfelblüten, durch die sie getanzt ist.

Lucy zuckt mit der Schulter: »Das sind doch bloß Märchen!«
»Quatsch! Die Frühlingsfee hat mir doch meine Sternchenblume geschenkt!«, ruft Flo.

Dann diskutieren plötzlich alle durcheinander, wer, was oder
wo die Frühlingsfee eigentlich ist. Erst als Oma um Ruhe bit-
tet, erzählt jedes Kind seine Geschichte. Während die anderen zuhören, fällt ihnen etwas auf: Alle haben diesen Frühling
tatsächlich eine Überraschung erlebt! Und: Die Geschenke
der Natur lassen sich prima teilen. Die Blume, die Flo so schön
findet, gibt der Biene Nahrung ... und die Biene wiederum be-
stäubt den Apfel. Was für ein geniales Netz des Lebens!
Zum Schluss, als die Jüngeren schon wieder spielend durch
den Garten flitzen, will Nick noch wissen: »Sag mal, Oma:
Eigentlich ist es aber egal, ob jemand den Frühling begrüßt
oder nicht? Der kommt doch auch so.« Oma knufft Nick in
die Seite. »Ja, der Frühling kommt so oder so.« Sie stockt.
»Trotzdem ist es wichtig, dass jemand die neuen Tiere und
Pflanzen empfängt. Denn es werden jedes Jahr weniger.«
Oma nimmt Nick mit in den Bauwagen und holt eine geheimnisvolle Karte aus ihrem verschnörkelten Schrank. Sie
rollt sie aus und erklärt: »Wie so viele andere Helferinnen
und Helfer der Frühlingsfee, halte ich Jahr um Jahr schrift-
lich fest, welche Tiere und Pflanzen ich bei uns wahrnehme.«
Beeindruckt studiert Nick die große Karte. Sie zeigt, wie

sich die Natur nach und nach verändert. Nick stellt fest, dass sein Lieblingsvogel inzwischen ziemlich selten geworden ist: »Es gibt ja heute viel weniger Stare als früher!«
Oma nickt: »Ja, und nur noch einen Bruchteil der Insekten. Auch etliche Pflanzen lassen sich nicht mehr sehen.«
»Warum?«, ruft Nick erschrocken.
»Was meinst du?«, fragt Oma zurück.

Da drängen die Eltern zum Aufbruch. Doch die Frage, die Oma gestellt hat, lässt Nick nicht mehr los. Vage fallen ihm ein paar Stichworte zum Artensterben ein, die er mal in der Schule gehört, aber nicht ernst genommen hat, bevor er höchstpersönlich so viele Tiere kannte.

Nick schnappt sich Mamas Tablet, um zu recherchieren, und findet schon auf dem Rückweg etliche interessante Dinge heraus: Die Haubenlerche, die Wido so lustig findet, ist inzwischen fast ausgestorben. Ihre Freunde, die Hornissen, sind ebenfalls bedroht.

Nicks Augen verfinstern sich. Dann liest er: Die knuffige kleine Goldammer hat es geschafft! Vor fünf Jahren galt sie noch als gefährdet, dann haben sich viele Menschen erfolgreich bemüht, sie zu schützen. Man kann also etwas gegen das Artensterben tun!

Nick starrt eine Weile stirnrunzelnd aus dem Fenster. Dann ruft er entschlossen: »Leute, das war das letzte Mal, dass wir mit dem Auto zu Omas Garten geheizt sind! Lasst uns ab jetzt die Räder nehmen!«

Flo findet die Idee super. Er will schon lange lieber wild mit dem Fahrrad durch die Gegend kurven, als ständig im Auto zu hocken. Doch bisher hat Nick sich immer dagegen gesträubt.

Flo erkennt seinen großen Bruder nicht mehr wieder. Jetzt sagt er auch noch: »Wie wäre es, wenn wir hinterm Haus die ollen Steinplatten wegmachen und stattdessen Pflanzen wachsen lassen? Nicht bloß Rasen – so einen richtigen kleinen Dschungel!«

Flo ist begeistert. Ihre Eltern tauschen verwirrte Blicke. »Was ist denn mit Nick los?«

Flo meint: »Vielleicht hat den die Frühlingsfee verzaubert.«

Nachwort

Jetzt ist es raus: dieses Buch voller Geschichten über die Kraft des Frühlings... und darüber, was möglich wird, wenn Kinder sie entdecken. Ob ich mir das Ganze bloß ausgedacht habe? Tja ... ich verrate nur so viel: In der Natur lässt sich wirklich Fantastisches erleben. Für mich ist das Coolste da draußen eine heiße Mischung aus etwas, das auf den ersten Blick gegensätzlich erscheint: nämlich Freiheit und Geborgenheit. Wenn ich auf einen Baum klettere, fühle ich mich gehalten ... und gleichzeitig frei. Wenn ich auf der Erde liege und den Sternenhimmel betrachte, erlebe ich Weite ... und gleichzeitig Nähe. Draußen kommen alle irgendwie an. Und finden ihren ganz eigenen Platz. Die einen bauen sich Höhlen, die anderen Baumhäuser, die einen pfeifen mit den Vögeln, die anderen schwimmen wie die Fische – mit oder gegen den Strom. Die Natur lehrt uns, Vielfalt zu feiern. Probiert es aus: Draußen wächst es sich am besten ...

Danke an alle, die diese Erfahrung weitergeben.

Mehr Infos, Musik und Geschichten unter aushecken.org. Dort wachsen die Ideen aus diesem Buch weiter: Die fünf Frühlingsgedichte zum Beispiel findet ihr auch als Lieder ...

Danke

... dem Hof Grafel, dem AckerBildung e.V., der Wildnis-schule Wildeshausen, dem Vauß-Hof, dem Bildungshaus Modexen, den Nieheimer Heckenflechtern, dem Bunten Land und den vielen anderen Initiativen, die Naturverbindung pflanzen und pflegen!

... den großartigen Expert*innen, die ihr Wissen und ihre Perspektive in diesem Buch eingebracht haben: Sophie Bogon, Christoph Fantini, Klaus Kuttig, Sigrun Lobst, Steffi Malzahn, Kathrin Peters, Kordt Rehn, Khalil Sido-Mimi, Anne Starke, Peter Trapet, Lea van Esdonk, Maren Weber, Jochen Wenzel, Anne Wiebelitz-Saillard und noch viele mehr!

... meinen Eltern und Großeltern, die so viel gesät, geackert und geerntet haben

... meinen Geschwistern und Freund*innen, die mit mir durchs Beberhügelland, durch bremische Moore, transsilvanische Wälder und weitere Wildnis stromern

... Kolja, Toni und Ludger, die sich mit mir auf das größte und schönste Abenteuer von allen eingelassen haben

... und last but not least den Rotkehlchen, Schmetterlingen, Pferden, Steinböcken, dem Waldrand, meiner Kiefer, den Wildbächen und allen anderen da draußen ...

Natürlich habe ich euch nicht vergessen … und werde das auch nie tun: Dickes Danke an meine Weg- und Wortbegleiterinnen Kathrin, Susi, Sarah, Konnie, Birgit, Elke, Sylvie, Susan, Clemens, Robert, Kathi, Christina, Barbara, Dirk, Tine, Martin, Mirja, Helmut, Regina, Kristo, Marta, Paul, Mirjam und natürlich an meine Agentin Charlotte Larat, meine Lektorin Tanja Poestges, meine Mentorin Julia Przeplaska und die ganze Akademie für Kindermedien!

FSC
www.fsc.org

MIX
Papier | Fördert
gute Waldnutzung
FSC® C018236

Erschienen bei Fischer Sauerländer

© 2025, Fischer Sauerländer GmbH,
Hedderichstraße 114, 60596 Frankfurt am Main
Die Nutzung unserer Werke für Text- und Data-Mining
im Sinne von § 44b UrhG behalten wir uns explizit vor.
Umschlaggestaltung: Atelier Maria Seidel, unter Verwendung
einer Illustration von Greta Wagener
Umschlagabbildung und Innenillustrationen: Greta Wagener
Satz: Dahlhaus & Blommel Media Design, Vreden
Druck und Bindung: Druckerei Dimograf Sp. z o.o.
Printed in Poland
ISBN 978-3-7373-7421-7

Kontaktadresse nach EU-Produktsicherheitsverordnung:
produktsicherheit@fischer-sauerlaender.de